¡Qué rico!
Un libro sobre el gusto

por
Dana Meachen Rau

ilustrado por
Rick Peterson

Traducción:
Patricia Abello

Agradecemos a nuestras asesoras por su pericia, investigación y asesoramiento:

Angela Busch, M.D.,
All About Children Pediatrics, Minneapolis, Minnesota

Susan Kesselring, M.A., Alfabetizadora
Rosemount-Apple Valley-Eagan (Minnesota) School District

PICTURE WINDOW BOOKS
www.picturewindowbooks.com
A Coughlan Publishing Company

Dirección ejecutiva: Catherine Neitge
Dirección creativa: Terri Foley
Dirección artística: Keith Griffin
Redacción: Christianne Jones
Diseño: Nathan Gassman
Composición: Picture Window Books
Las ilustraciones de este libro se crearon a la aguada.
Traducción y composición: Spanish Educational Publishing, Ltd.
Coordinación de la edición en español: Jennifer Gillis/Haw River Editorial

Picture Window Books
5115 Excelsior Boulevard
Suite 232
Minneapolis, MN 55416
877-845-8392
www.picturewindowbooks.com

Library of Congress Cataloging-in-Publication Data
Rau, Dana Meachen, 1971-
[Yum! Spanish] ¡Qué rico! : un libro sobre el gusto / por Dana Meachen Rau ; ilustrado por
Rick Peterson ; traducción, Patricia Abello.
p. cm. — (Nuestro asombroso cuerpo. Los cinco sentidos) Includes index.
ISBN 978-1-4048-3833-8 (library binding)
1. Taste—Juvenile literature. I. Peterson, Rick, ill. II. Title.
QP456.R3818 2008
612.8'7—dc22   2007030087

Te suena la panza!

El estómago te dice
que ya es hora
de comer.

Sientes ganas
de saborear
tu almuerzo.

El gusto es uno de tus cinco sentidos.

La lengua es el único músculo del cuerpo que se ve desde afuera.

La lengua es el músculo que siente el gusto de lo que comes o bebes. También siente si está caliente o frío.

Bla Bla
Bla
Bla Bla
Bla
Bla

¡A comer!

Con la lengua hablas y saboreas lo que comes y bebes.

6

El gusto le dice a tu cuerpo que algo es sabroso.

¡Qué rico!

El sentido del gusto también le dice a tu cuerpo si lo que comes está en mal estado. La comida en mal estado te puede hacer daño.

La lengua está cubierta de unos bultitos
y puntas. Son las papilas.

9

Las papilas agarran la comida que llega a la boca.

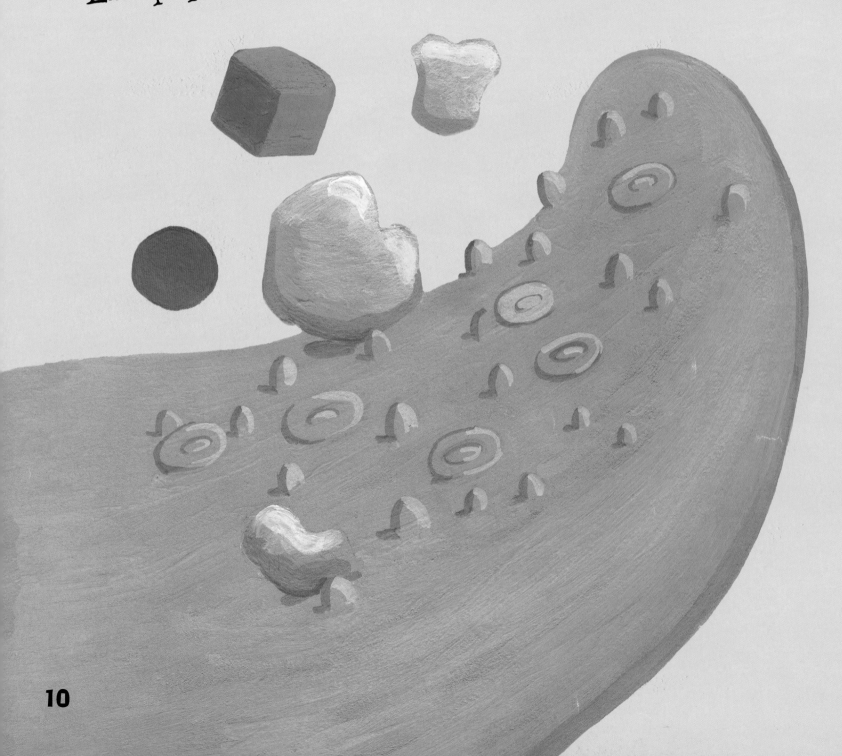

La lengua
mueve la
comida
cuando
masticas.

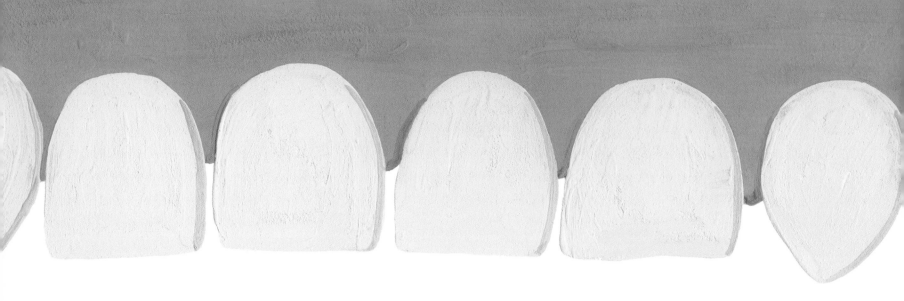

Al masticar, la comida se mezcla con saliva.
La saliva ablanda la comida y la vuelve jugosa.

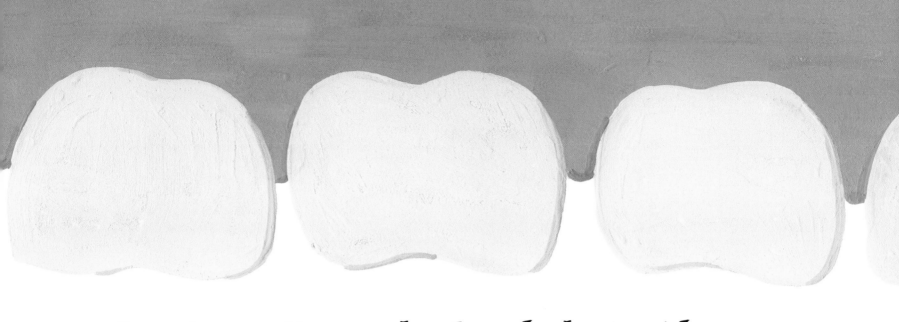

Los jugos tienen el sabor de la comida.
Esos jugos se quedan en las papilas
y entran a los botones gustativos.

Un sabor puede ser dulce, salado, ácido o amargo.
Cada parte de la lengua es más sensible a un tipo de
sabor. Saboreas lo dulce con la punta de la lengua, lo
salado con la punta y los lados, lo ácido con los lados
y lo amargo con la parte de atrás.

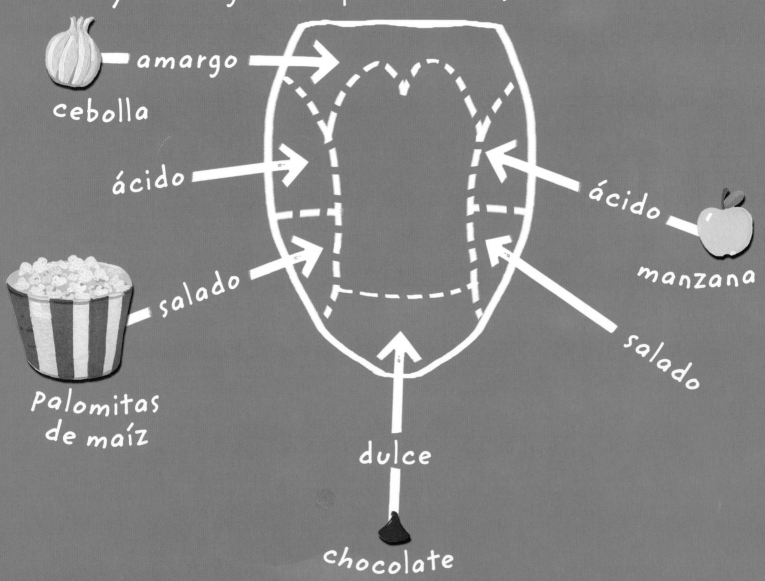

cebolla

amargo

ácido

salado

Palomitas
de maíz

ácido

manzana

salado

dulce

chocolate

Tu lengua
está cubierta de
botones gustativos.
También tienes
botones gustativos
en el paladar, en
las paredes de
la boca y en
la garganta.

15

Los botones gustativos nos permiten saborear la comida. Son más pequeños que las papilas. Están compuestos de células diminutas agrupadas como una cebolla.

gusto

lengua

Cada semana te salen nuevos botones gustativos que reemplazan a los que pierdes.

Los botones gustativos están conectados
a los nervios. Los nervios están
conectados al cerebro.

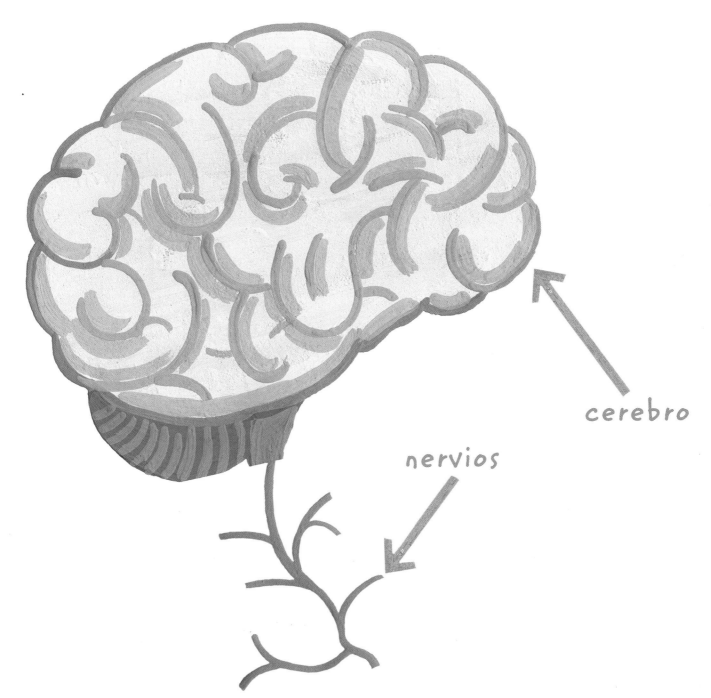

cerebro

nervios

Cuando un sabor llega a un botón gustativo, éste envía un mensaje por los nervios al cerebro. El cerebro te dice qué alimento estás saboreando.

El cerebro recuerda los sabores que has probado. También sabe si estás probando un nuevo sabor.

19

El cuerpo de cada persona es un poco distinto. Por eso cada cual tiene sus propios gustos.

¡Entre gustos no hay disgustos!

Diagrama del gusto

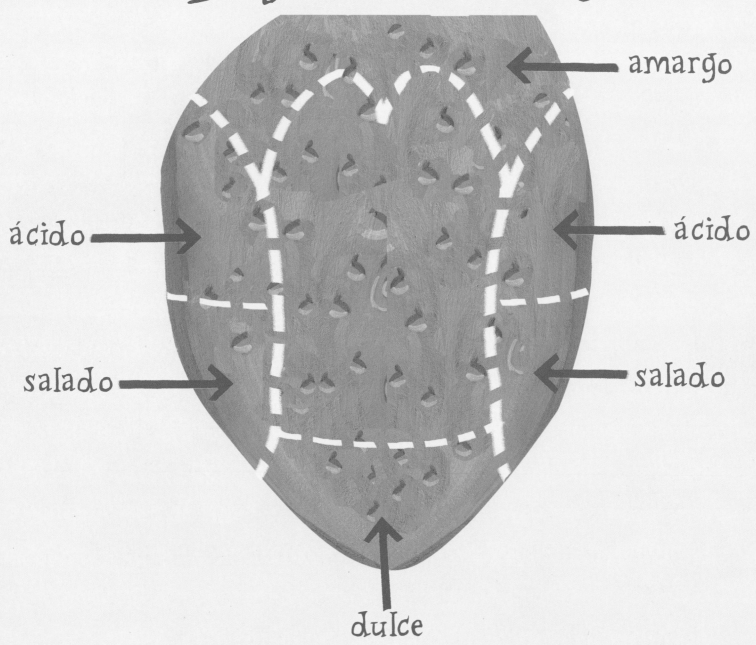

amargo

ácido

ácido

salado

salado

dulce

Datos curiosos

- La lengua se puede mover de distintos modos. Algunas personas pueden enroscarla o voltearla.

- Cuando tenemos mucha hambre o vemos algo rico, la boca produce más saliva. Por eso hay un dicho que dice: "¡Se me hace agua la boca!".

- Los sentidos del olfato y del gusto están muy unidos. Si tienes la nariz tapada, no sientes el sabor de lo que comes o tomas.

- En la boca tienes casi 10,000 botones gustativos. En general, las niñas tienen más botones gustativos que los niños.

Glosario

botones gustativos (los)—grupos pequeños de células que saborean la comida

músculos (los)—partes del cuerpo que se encargan del movimiento

nervios (los)—cordones que reciben y llevan mensajes de distintas partes del cuerpo al cerebro

papilas (las)—bultitos y puntas de la lengua

saliva (la)—líquido de la boca que ablanda la comida

Aprende más

Para leer

Aragena, Susana. *Los sentidos.* España: La Galera, 2002.

Mackill, Mary. *El gusto.* Chicago: Heinemann Library, 2006.

Martínez Casado, Darmiana. *El gusto.* España: Molino, 2003.

En la red

FactHound ofrece un medio divertido y confiable de buscar portales de la red relacionados con este libro. Nuestros expertos investigan todos los portales que listamos en FactHound.

1. Visite *www.facthound.com*

2. Escriba código: 1404810218

3. Oprima el botón FETCH IT.

¡FactHound, su buscador de confianza, le dará una lista de los mejores portales!

Busca todos los libros de la serie Nuestro asombroso cuerpo:

¿A qué huele? Un libro sobre el olfato

¡Mira! Un libro sobre la vista

¡Oye! Un libro sobre el oído

¡Qué rico! Un libro sobre el gusto

Suave y liso, áspero y rugoso: Un libro sobre el tacto

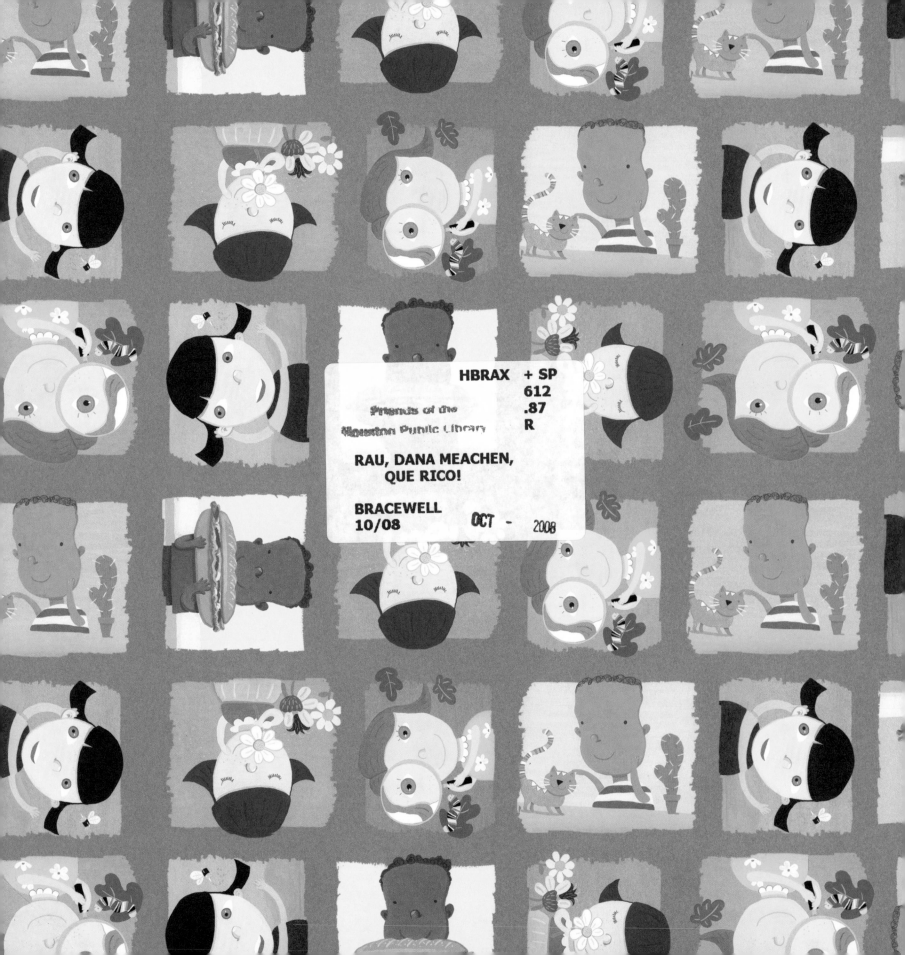